Primera edición mayo de 2024

© Noelia Toribio
© de esta edición, Editorial Páramo
www.editorialparamo.com
editorialparamo@gmail.com / 646346731
Coordinación: Javier Campelo Bermejo

ISBN: 978-84-128128-5-5
Núm. DL: VA 158-2024
Impreso en España – Printed in Spain
Impreso en Estugraf

UN HUECO PARA LA
LUZ

Noelia Toribio

Accésit Premio de Poesía
David González, 2024

editorial
PÁRAMO
*
lírica

UN HUECO PARA LA
LUZ

Noelia Toribio

UN HUECO PARA LA
LUZ

Todos estamos rotos,
así es como entra la luz.

Ernest Hemingway

Se ha roto una semilla

Dejadme nacer,
que me tengo que inventar.

FITO & FITIPALDIS

ANTES DE TU VIENTRE

Te pregunto si alguna vez
fui un rumor inaudible nadando entre galaxias.
Si me alumbró la primera herida,
si toqué la inmensa muerte de una estrella,
si descendí en su cuerpo.

Te pregunto si alguna vez
fui una mota de polvo en el origen de la tierra.
Si alteré el orden de las cosas,
si viajé en la gramínea de una flor ya extinta,
si el viento trazó mi rumbo.

Te pregunto si alguna vez existí
con la certeza de un propósito
que ahora desconozco,
mucho antes de tu vientre, madre.

EL NOMBRE

Antes de nacer
todos previvimos en un nombre
asignado por la dictadura
de otra lengua.

En el lado opuesto
a la oscuridad originaria
donde me inicio partícula,
aquellos que me esperan
hablan de mí
o practican el juego del oráculo
para vaticinar mi futuro.

Aún no existo
y ya cargo con la expectativa
de la que seré
sobre esta tierra.

CAMILLE

Quiero nacerme despacio,
ser al mismo tiempo barro y semilla,
embrión huérfano de nombre
sin fisura de otra tierra
que expulse mi carne con la prisa,
tomarme en las manos
y darme forma, pero con dulzura, Camille,
dulzura y misericordia,
que ya intentarán otros
quebrar mis cimientos.
No me importa esculpirme torcida
si me dirijo siempre hacia la luz,
si aprendo a querer
la imperfección de cada grieta,
a equilibrar el paso del tiempo, su poso, su peso
para que no sufra demasiado
ninguna de mis partes.
Y si no me consigo de esta forma, Camille,
quiero saber destruirme para volver a empezar,
como empieza y se destruye el universo
en su infinito parto:
ser la herida originaria
que nunca termina de cerrarse.

(AUTO) NEGACIÓN

Inquietas se extienden
mis manitas como un brote
que sin quererlo, cabe pensar,
fruto de la inexperiencia
o las malas enseñanzas,
escriben al revés
la inicial de mi nombre,
el nombre —digo— que me pusieron al nacer,
y la tacho al darme cuenta
con una X temblorosa,
como si no estuviera segura,
como si me negara a ser
en una palabra que no he escogido
con un significado que no conozco.
Quizá ya entonces,
planeaba borrar de mí
la tinta de los otros,
reescribirme desde la raíz
solo con mis inquietas y verdes manos.

LA PRIMERA HERIDA

A mis seis primaveras
me trasplantan al patio del colegio
envuelta en una cárcel de cuadraditos
rasgados por una vertical
que vierte por primera vez mi savia.
Los hábitos se desvanecen a mis espaldas
en su fraude de misericordia
y yo no comprendo
este nuevo dolor de fibras
que me tiembla.
Son otras manos no benditas
las que me desarraigan
para remendar la hecatombe
que reluce como un volcán
en el centro de mis ojos.
No lloro. La aguja me atraviesa
como si fuera plastilina,
pero no lloro.
Igual que un ciprés ya maduro,
tomo conciencia de la fragilidad de mi carne.
Aprendo que un día
no estaré aquí.

RECREO

Como un animalillo abandonado
en lo desconocido de otro ecosistema,
ingreso en mi primera sociedad
y aprendo su norma
a golpe miserable de experiencia.
Unas manos manchadas de barro
juegan a subirme la faldita de cuadros,
mientras varias carcajadas de primate
me muerden las bragas.
Y yo, pequeña, nueva criatura
me quedo quieta ante el peligro
y miro hacia la versión adulta de mi especie,
pero nadie mueve un dedo.
Nadie. Ni siquiera yo
que sin entender, pero obediente
acato por mi bien esta ley de la jungla:

Hay algo,
no sé qué,
entre mis piernas
que me hace inferior,
diferente,
presa.

LA PALABRA

Esta extraña raíz
que asciende sin querer la náusea,
me acribilla la lengua a patadas
y se enreda entre los huecos de los dientes
en un intento de saciar
su hambre por la luz
es el embrión de la palabra
y su vientre, mi boca.
Nadie sabe aún
este privilegio mío de dar flor.
Nadie sabe que puedo renombrarme,
pronunciar la presencia de las sombras
para optar a su derrota,
matar el miedo de mi generación
a morir en el brote.
Nadie sabe que con un rumor
puedo hacer temblar los cimientos
de esta tierra de cipreses.
Tampoco yo, que apenas acierto aún
a balbucear mi existencia.

LAS FLORES DE MI ANATOMÍA

Dolor de raíz. Silencio.
Avanza el tallo
hasta lo oscuro de las puntas
que te crecen mujer en el agua del espejo.
Tiemblas al tocarte porque no te tocas,
es otra en ti la del bulto de tus manos.
Te abres nenúfar sin saberlo.
Lloras la extrañeza de tu anatomía
porque no sabes, niña,
porque no aprecia la flor recién nacida
la preciosidad de su carne,
la magnitud de la vida desbordada
en su pequeño cuerpo.
No te lamentes,
que al tiempo, cuando estés ya madura,
cuando incluso la hoja afilada del cáncer
extirpe alguno de tus pétalos,
te reconocerás privilegio de primavera
en el reflejo de tu pecho.

LILITH

Ave Lilith Impurísima,
mujer tabú,
mujer maldita con la sangre de tu vientre.
Te abrazas a la tierra no prometida.
Tu grito se hace en mi boca.
Tu lección es mi herencia.
Muero en el sexo y resucito.
Ave Fénix mi carne prodigio
que se quema y nace de la misma herida.
Soy mi madre y soy mi hija
en este exilio bendito
con el placer de tu cuerpo.
Tomo ejemplo y me niego al paraíso.
Todas mis costillas me pertenecen.
Lilith, moradora del Mar Rojo,
sonríe a mi dolor y dame fuerzas.
Esta sangre no es penitencia a mis pecados,
es mi libertad de ser hembra.

INFANTICIDIO

Ni el aumento del pecho
ni el vello púbico
ni la primera regla.

Es el miedo
al ser futuro y su desaparición
el primer síntoma
de paso a la edad adulta.

LA HABITACIÓN

Y mi niña —mírala, boca abajo, en el suelo
como una marioneta sin hilos, pataleando por desaparecer.

SYLVIA PLATH

Entre estas cuatro paredes
pintadas con las luces maduras de los años
permanece aún tu poso, niña
que jugabas a conquistar tu hueco
sobre el mundo,
como un brote impaciente
por extender su verticalidad
hacia la primavera.
Ahora el tiempo
se hace madera y cuerpo de mujer
doblado en una alfombra
que ya no vuela a países inventados
por miedo a malgastar el rumbo.
Y lloro cuando pienso en ti,
niña que sobrevives en las sombras
de este cuarto nuestro
donde te prometí
que no te dejaría crecer
flor muerta.

CASI ADULTA

Aprieto las cavidades
donde habitan los pájaros
de los que se me acusa culpable
por dar aliento, pulmón, refugio aislado
del mundo que me dice con dientes de sierra:
Pequeña, es la hora de crecer
y crecer es un poquito sinónimo de morir.
Un hedor, un peso, una carne acumulada
reabre la caja torácica
y lamento cómo mis pajarillos caen.
Todos, salvo uno malherido
que se mantiene fiel al rumbo de la luz,
caen cadáver en picado
desde los pulmones
hasta el cementerio silencioso de la entraña.
Digiero la rabia que me pregunta
cuándo convertí mi cuerpo
en cámara de gas.

La costumbre del subsuelo

Ya sin temblor ni luz
cayendo oscuramente.

IDEA VILARIÑO

SELECTIVIDAD

Hora de seleccionar el fruto.
Mi carne, que compite con la carne
de mis hermanos de cosecha,
está lista para someterse a examen.
Ábreme. Quiero que veas todo
lo que he aprendido y complacerte.
Pon a prueba cada pedazo
y decide al capricho de qué rama académica
entregar este saber que he adquirido
de todo menos de mí misma.
Verás, me han dicho que necesito una salida
y por ella soy capaz de vender mi luz,
de reducir mi identidad al número,
de ser exactamente lo que quieres que sea,
de tragarme la voz y hasta defecarla.
Arrastro los ojos por los ojos de los míos.
Lo sabemos, aunque no digamos nada.
No hay sitio para tantos
en la tierra que nos prometieron.
Y todos temblamos, unos dentro de otros,
como prostitutas primerizas
en las manos proxenetas
del conocimiento.

EL SUBSUELO

Siempre
la misma forma de explotar,
poniéndonos dinamita
hasta en los huesos
para sacar qué sé yo lo que querrán sacar.
Siempre manchados de superficie
sin ver la belleza bruta
que brilla tímida, al fondo,
apenas entre la suciedad del escombro
que oscurece nuestra tierra.
Siempre esta ceguera ajena —y propia—
que hiere tanto a la luz.

INVIERNO

Alguna vez,
todos hemos dejado huérfana
la voz que fuimos.

RODRIGO GARRIDO PANIAGUA

Cae el invierno sobre los hombros
y con él la oscuridad y sus mil silencios.
El miedo a lo vacío
se descuelga de mi boca.
Los pájaros emigran
quizás a otros pulmones más maduros,
más henchidos de valor
para pronunciarlos.
Estoy sola.
Sin mi Yo. Sin su palabra.
Tengo demasiado frío.
En la cama me abandono feto azul
temblando al anochecer.

HEMORRAGIA INTERNA

Tanto negro
y no nos queda para llevar en la boca
un luto por nuestra propia ausencia.
Estas curvas que los hijos
nos ponemos en la cara
son ramas de árboles muertos
que fingen seguir aquí.
Cómo decir a quien nos hizo
que desearíamos no habernos conocido nunca,
que ser polvo en la cola de un cometa
es más fácil que sonreír
y ser siempre niña,
siempre contenta,
siempre flor
para la alegría de los otros
porque a nuestra juventud nada le falta, piensan,
mientras dentro se nos desangra
silenciosa la luz.

VIRGINIA

Camino
sin saber el rumbo,
camino y me desgasto
como si cientos de piedras
me arrastraran desde el estómago
por un campo en flor muerta.
La lengua llena de polvo, y camino.
En la dirección de todos los éxodos
camino, pero no escapo.
Soy paria en mi propia boca.
Si la abro, me escupo.
Si la cierro, me intoxico.
Camino, ya sé adónde.
Busco una casa como el río Ouse.
Ya no soy un buen lugar para mí.

UN PENSAMIENTO

En el río
un pensamiento líquido y puntiagudo,
como la espina de un pez,
se escurre por la torpeza de lo material
en mis manos.
Cómo sostener la palabra que no nace
pero se me pronuncia dentro.
Cómo detener el paso
de lo que me hace autodestruirme.
En mi piel reside
la quietud falsa de las aguas.
Por dentro me arrasa una corriente
imparable e incomprensible
como el origen de mi naturaleza.

LA COSTUMBRE

Levantar por levantar.
Es tan difícil soltar la carga,
desertar del subsuelo.
Porque da más miedo la luz
que la costumbre de lo oscuro,
porque un paso en alquitrán
es más seguro que un paso en el aire,
es cosa de los más valientes
elevar los pies hacia lo incierto,
arriesgarse a lo que ocurre,
abandonar un Yo por otro,
vivir sin el peso.

INTENTO DE SER

Las plantas de mis pies
titubean su paso en la pirueta del viento.
Nada, salvo un pensamiento diminuto
que no acaba de evaporarse,
me sostiene ya al pulso de la tierra.
Mis huesos se expanden
como un pedazo de universo.
La luz nunca supo estirar su cuerpo
hacia una dirección concreta,
pero estar hecha de fragmentos
siempre duele.
El vértigo tira de mi esqueleto
como el hilo cauteloso de una cometa.
Me precipito lluvia.
En el suelo, el cadáver de otro intento de ser
tendido en el barro
como una estrella muerta.

MARILYN

Dime, erudita Marilyn,
tú que conoces la sublimidad del ser
sensible y su cuerpo jaula.
Tú que te soñaste mariposa
y buscaste la excusa de todos los puentes
para echar a volar.
Tú que te atreviste a romperte
en el suelo del poema.
Dime si alguna vez llegaré a conocerme.
Dime si alguna vez lograré salir
antes de que la muerte
se abra hueco entre mis huesos.
Y si no es hasta entonces,
dime, tú que ya eres luz en el universo,
si al volver al polvo
yo también volaré libre.

MAÑANA

Mañana.
Siempre el mañana en la cabeza
como un taladro perforando
neurona tras neurona.
Mañana.
Siempre el mañana.
Siempre otra
y nunca me lleno de cielo la mandíbula
ni abro a la luz los ojos de esqueleto.
¿Cómo vivir muriendo en el instante,
pensándome en alguien que aún no existe?

LAS GRIETAS

Ahora mismo
estoy en una de esas pausas
que anestesian la rutina del latido
para abrirme paso
entre los huesos, la entraña,
el monstruo que dormita
sobre los cadáveres.
Abrazo la intimidad de la oscuridad
porque solo en ella
se rompen del todo los silencios.
(El peor de los temores
es vernos el sufrimiento a la luz.)
Hurgo en las grietas,
las pronuncio
y en su nombre les doy alivio,
cicatriz y cura,
pero sin llegar nunca a esconderlas,
ni a quererlo.
Salgo ya poco a poco de mí,
al término de la pausa
que me brinda la oportunidad
de decidir
si volver a la inercia
del pulso por el pulso
o atreverme a palpitar de verdad
mi existencia.

PROMESA

Solo me queda
perderme en las fisuras.

Traducir esta oscuridad
al lenguaje luminoso de los versos.

Cicatrices de la herencia

Retienes una herida
así no puedes cambiar el mundo.

María Sotomayor

RAÍCES

Es tan contradictoria la vida
que empuja las raíces
hasta lo más profundo de la tierra,
mientras estiramos la boca
para beber aunque sea
un mínimo instante de la luz.
El dolor es la suma
de dos voluntades opuestas
condenadas a compartir un mismo cuerpo.
¿Qué haré yo?
Incapaz de arrancarme del origen.
Ansiosa por convertirme en universo.

LA MEMORIA

Esta carne nacida de las vísceras
de tantas madres tierra
no me pertenece.
Esta carne que todavía sabe a hambre,
a zanja, a plomo, a julio negro.
Soy sangre de la sangre de la sangre.

Repaso con las manos mi genealogía
en los pliegues de este cuerpo,
y reconozco en él tus virtudes y faltas,
la honda cicatriz de tu existencia.
Me disgusta no saberme del todo mía,
pero tenerte en mí me reconforta.

Por tu silencio, irreversible ya,
hasta la llamada del ciprés
pronunciará mi carne tu memoria.

PEDAZOS DE MI CARNE

La nuca de mi bisabuela Amalia,
los dedos de los pies del niño Manolito,
las manos de la familia de mi padre,
las uñas duras igual que aquellas
que arañaron la tierra de las cunetas.
Y así mis ojos, mis orejas, mis brazos.
Pedazos de mí que permanecen enredados
en la madeja silenciosa de los muertos,
perdidos para siempre en lo oscuro.

MANOLITO

Manolito, niño de papel mojado
con fachada de madera,
tallan sobre ti la firme doctrina del árbol:
Tronco recto, silencio de ciprés y copa al sol.
Esconde, Manolito,
las díscolas ramas de tus dedos
o recibirán su lección.
La cara de roble maduro, así,
con la grieta del ceño partiendo en dos
las sobras de tu inocencia.
La chaqueta de domingo, bien lucida,
que no se vean en tus raíces
las suelas desgastadas, el frío,
el hambre de tu tierra.
A tu espalda, el paisaje de la nueva patria:
valles de cementerios,
ríos de sangre hermana
y campos de semillas huérfanas.
Pero tú mira hacia delante, Manolito.
Esconde esa sombra de muerte
que tiembla en tus ojos,
el miedo al mañana,
al pasado mañana, a la pregunta:
Cómo contaré a mi nieta
que corre por su savia
la imborrable herencia del terror.

VOTO DE SILENCIO

Aprendiste tan bien a callar, mujer,
a ver, oír y callar
y hacer lo tuyo
que la enseñanza de la flecha
te traspasó la sangre.

Yo permanezco tantas horas
sin ceder mi boca a la palabra
que a menudo olvido
el timbre de mis pensamientos.
Para qué despertar mi voz de grieta
si no hay quien la reciba.

Mi silencio
es solo la respuesta genética
de esa obligada naturaleza tuya
a la soledad.

FLORICIDIO

La Historia
nos ha inculcado la manía
de sucumbir al floricidio.
Nos arrancamos unos a otros
de nosotros mismos.
Ojo por ojo.
Y hacemos de la tierra
que alimenta las raíces un rastrojo
que siempre está a punto de prenderse
y explotar
en la paz del universo.
Aprendamos a marchitar el odio.
Aprendamos de una vez
a marchitar
el odio.
Flor por flor
y muerte a todos los inviernos.

TU SANGRE EN MIS VENAS

Tú, origen de la tierra origen de mi tierra,
piedra madura y blanca,
boca de cueva expoliada.
El grito anida en tu silencio, el grito,
hondo eco de lo que una vez fue en ti.
Niña de vestido de sábanas, tripas rugientes,
cuchillo frío, pólvora y azufre ardiente.
Piel dura rinoceronte tras las lágrimas.
En tus manos, las zanjas donde tu padre,
las quemaduras del trabajo con el sol en la cara.
Carita de luna la tuya ahora, ojos casada negra,
negra pena de abuela que observas
mi mundo consecuencia de tu mundo causa.
Tu eco y yo y tu eco a punto de marcharse.
Menos mal que tu carne en mi tierra.
Menos mal que tu grito en mi boca.
Menos mal que tu sangre de piedra
abrió sus ríos en mis venas.

EL PASO DE MI TIEMPO

Como el viento inclina
la rectitud del árbol más alto
aún sin fuerza suficiente para romperlo,
así, madre, dobla tu columna
el peso de los años.
El peso que al punto quiebra ya
la madera que dio luz a tu primera astilla.
¿Cómo puede la vida
desgastarse tan de golpe?
Tú que eres igual a ella cuando yo era niña,
yo que soy igual a ti cuando tú
tenías las flores maduras en el pecho
y me dabas a beber el tibio pulso
que en silencio las lunas te van secando.
Madre, a veces me llaman por tu nombre
y sin saber por qué, respondo.
Madre, es en la erosión de tu carne
donde advierto el paso de mi tiempo.

EL POETA

Una tribu de palabras mutiladas
busca asilo en mi garganta.

ALEJANDRA PIZARNIK

Poeta de las zanjas,
desde que soy navega tu velero por mis venas,
pues bien sabes que no es solo la sangre,
también se arrastra en el poema la memoria,
y hoy tu palabra alumbra mi palabra
como el sol a las lunas
que arrancaron en el genocidio de tu boca.
Niñito de agua, me dueles tanto como si fueras mío,
y como tú tantos otros
a los que metieron la lengua bajo tierra
sin permitirles pronunciar ni sus nombres.
¿Cómo escribir un verso puro
sin hacer brotar los que quedaron
presos en sus gargantas?
¿Cómo dejar morir en mí su herencia?

YERMA

Toco mi vientre plano.
Plano no. Vacío. Deshinchado. Hueco.
Toco mi vientre hueco
y este dolor rojo que se escurre entre mis piernas.
Allá va otra flor sesgada de mi primavera.
Dentro soy mujer, bosque, selva, planeta.
Un big bang en potencia para estallar la vida.
Tengo el poder del universo en mi útero,
pero se desangra como una herida.
Yerma por fuera. Así soy. Torpe, inmadura, niña.
La niña de la casa. La niña de la oficina.
La niña que encierra un cuerpo de mujer
que se suicida en silencio.
A veces extraño tiempos no vividos.
Tiempos horribles donde la mujer solo era tierra
para cultivar la semilla.
Tiempos donde la mujer era mujer por dentro y por
                                                  fuera.]
Ahora me preguntan cuándo verán mi vientre lleno,
cuándo traeré un retoño de hojas nuevas, verdes y
                                                  tiernas]
que encaje en el ecosistema para contribuir
al sustento de los campos de ciprés.
Así que mi mujer interna va contra-natura.
Aniquilo mes a mes, con dolor, las flores
y me quedo vacía, deshinchada, hueca.

Fértil o yerma, mujer o niña
no seré suelo para que mancillen mi fruto.

MI PROLE

Serán los versos
adormilados aún en mi epicentro,
los que darán flor
para perpetuar por siempre
mi memoria.

EL YO

Hoy no quiero encontrar
nada de ti en mí,
ni vomitar mi palabra
por la tuya,
ni atarme a tus raíces.
Quiero sentirme extranjera
en mi propia lengua,
tener miedo,
no como el que tú tuviste,
miedo a la libertad
de despegar del suelo, digo,
e impulsarme sin red
hacia el universo.
Tampoco deseo ser camino,
ejemplo para otros,
lleven o no mi sangre.
Quiero al llegar cortar los hilos,
borrar las huellas,
ser una luz sin manchas
gritando desde allí arriba:
"¡Es posible alcanzar el Yo!".

Desenredándome hacia la luz

Porque es mentira,
porque no es esta sombra
derrota de la luz sino su indicio.

ALBERTO CONEJERO

ATARDECER

Cada día
a la misma hora,
este preciso momento
me pertenece,
como si el mundo
girara más despacio
para ponerlo en mis manos
y empezar a curar
lo oscuro con su pausa.

Bebo ávida
este brevísimo instante
de la luz.

EL GESTO

Es un gesto. Nada más.
Un movimiento vertical de globos oculares
que apenas se percibe,
y por eso mismo es más difícil realizar.
Un gesto, solamente, en ascenso,
para arrancarte la mala costumbre del suelo
y abrir la posibilidad de bautizar luz
a aquello que hasta ahora veías
tan diminuto, tan tímido, tan oscuro,
tan crecido del polvo.

SYLVIA

Mi luz tirita en el barro
tan pequeña, dolorida y fuerte
como un óvulo que invierte su camino
para volver a nacer.
Qué razón tenías, Sylvia:
Resucitar es mucho más difícil que morir.
A veces dudo cuando estoy cansada
y pienso, para qué tanto impulso
si la gravedad me devuelve siempre
al golpe de la tierra.
Y sin embargo, es en la caída, aprendo,
donde se iluminan los cometas.
Así que despego de nuevo,
incendiada, desde las sombras,
preparada para morir una y otra vez
hasta encontrar un hueco
para mi luz
en el universo.

EN LA NOCHE

Es en la noche
y su complicidad callada
donde abandono la urgencia,
como si jamás fuera a regresar el tiempo,
y escucho el infinito
y la entraña.
Quizás por eso no les conviene
que estemos despiertos en las madrugadas.
He hablado conmigo, en calma.
He llorado sobre mi hombro,
me he perdonado el dolor infligido
y hemos tomado juntas
la dirección de la luz.
Es en esas noches escasas
donde más lejos consigo llegar
y a la vez más adentro,
cuando dejo de ser mi enemiga.

SANDRA

A Sandra y su Melodía 26.

Entre las puntas de sus dedos
y la delicada vida que nace del piano,
Sandra escapa de su cuerpo
y se hace luz y sombra y danza.
Nadie la ve ni la toca,
pero yo la siento tan plena en el hueco,
en el diminuto hueco
que solo puede ocupar ella,
con su frágil conjuro de cristales
abriendo tregua con el tiempo,
tan pura que anidan mis lágrimas,
tan íntima al mundo
que asusta su cercanía al precipicio.
En la última nota expira y se regresa
lenta, lentamente,
como quien se queda dormido
en la placidez del que sabe que un día
volverá a despertar.

LA NIÑA

Aún no sé quién soy,
pero lo sé un poco más que ayer,
y así será cada día, acepto por fin.
Es en el juego donde los niños se descubren,
como kamikazes ante lo desconocido
que al paso del tiempo se olvidan de volar.
Por eso crecer, pienso ahora,
es en gran parte retornar a la niña
que se asomaba al precipicio
con la curiosidad suicida de los pájaros.
Y poco a poco pierdo el miedo,
aprendo a convivir con la que no conozco.
Disfruto saltando al vacío.
Es ahí, recuerdo, donde se hizo
en el principio la luz.

MI NOMBRE

Un nombre Ave Fénix
capaz de mantener la luz
incluso bajo las cenizas.
Un nombre que se rehace,
cada vez, al pronunciarlo,
y nunca muere, como la palabra
contenida en el poema.
Ese debe ser mi nombre.
Al final las lenguas acertaron.
Noelia significa nacimiento.

EL PÁJARO

Apago la estridencia del neón,
el quejumbroso zumbido,
el desfile esperpéntico de las lenguas
que incendian el mundo cada día,
la retransmisión en directo
de una gran desgracia patrocinada
por una empresa de seguros,
los gritos de los coches
que digieren bombas de cortisol
en sus entrañas.
Silencio.
¿Lo escuchas ahora?
Es el pájaro malherido que se vive
por salir de mi asfalto.

LA ESPERANZA

Podría
plegar todas mis plumas,
una a una,
y doblar mi cuerpo
hasta ser tan pequeñita
como una lágrima.
Hacerme crisálida fría
e involucionar
para renegar del alma.
Podría.
Pero no.

LUZ O POLVO

Después de muerta me agrandaré y me esparciré,
y alguien dirá con amor mi nombre.

CLARICE LISPECTOR

Un día el universo morirá, dicen,
igual que yo,
y todos los cuerpos
volverán al polvo.
Pero no la luz.
No, la luz viaja en el vacío
sin caducidad ni más sustento
que sí misma.
Hay personas que son luz
y regresan siempre
a quien está dispuesto a recibirlas,
aunque la vida pase,
aunque algunos las crean silencio,
como aquellas voces
de la herencia.
Qué fortuna la del que sabe, al morir,
que en otro tiempo
alguien mucho más joven
pronunciará su nombre.

AL MORIR

No quiero ser alimento del ciprés.
No quiero, al final, replegarme crisálida
en el seno de la tierra, no.
No quiero, madre, de tu raíz
el silencio yermo, la oscuridad perpetua.
¿Por qué salir del vientre para volver al vientre?
Siempre mi paso en ascenso, no en círculo.
Nunca volveré a nacer.

Quiero morir como mueren los astros.
Quiero morir, al final, tan llena de mí
que no pueda contenerme más.
Quiero explotar, madre,
y ver por fin quién soy y de qué estoy hecha.
Y no olvidar
y no ser olvidada
y regalarme al tiempo de los otros
en un segundo de luz que dure eternamente.

No, no quiero, madre, la sombra del ciprés.
No quiero morir.
Quiero vivir en la muerte.

EPÍLOGO

Sigo
desenredándome
hacia la luz.

ÍNDICE

Se ha roto una semilla

La costumbre del subsuelo

Cicatrices de la herencia

Desenredándome hacia la luz

UN HUECO PARA LA LUZ, de la poeta Noelia Toribio, fue galardonada con el accésit en la Primera edición del *Premio de Poesía David González*, por un jurado compuesto por los poetas Rodrigo Garrido Paniagua, Jorge M Molinero y Esperanza Ortega, y el editor Javier Campelo.

Se publicó en abril de 2024 y fue presentada en el Salón de Grados de la Facultad de Derecho de Valladolid el día 3 de mayo de 2024.